Naiem Ahmadinejadfarsangi

Dis-lui que je l'aime

Naiem Ahmadinejadfarsangi

Dis-lui que je l'aime

Éditions Muse

Cover image: www.ingimage.com

Publisher:
Éditions Muse
is a trademark of
International Book Market Service Ltd., member of OmniScriptum Publishing Group
17 Meldrum Street, Beau Bassin 71504, Mauritius
Printed at: see last page
ISBN: 978-620-2-29716-5

Dis-lui que je l'aime

Naiem Ahmadinejadfarsangi

Table des matières

je t'aime ... 3

Indicateur ... 6

Dis moi je t'aime ... 8

Encore une fois, je t'aime ... 10

je t'aime ... 12

Doute ... 14

Une journée mémorable ... 16

Pensée ... 18

Vérité ... 20

Souhait ... 22

Mystère ... 24

première fois ... 26

Amour ... 28

La première session ... 29

Le langage de l'amour ... 31

Amour éternel ... 33

Mon trésor ... 35

Un océan d'amour ... 38

je t'aime

je t'aime

Comme le coucher du soleil

Comme la mer

Quand il coule

Dans l'éternité!

je t'aime

Comme la terre ferme

J'adore la pluie

Quand il donne la vie

À son corps assoiffé!

je t'aime

Comme un prisonnier

Aimer la liberté

Quand il définit ses rêves

De leur beauté inégalée!

je t'aime

Comme un soldat héroïque

Le Patriote

Quand il lui donne sa vie

Pour protéger la patrie!

je t'aime

Alors que nous courions sous la pluie,

Mais nous assistons à des chutes de neige!

je t'aime

Alors que nous sourions à la lune,

Mais on admire un arc-en-ciel!

Je t'aime!

Indicateur

Avec un sourire, j'ai pris un grand coeur

J'ai écrit ton prénom dessus avec un marqueur noir

J'ai peint les lettres avec un marqueur vert

Je le souligne avec un marqueur bleu

Avec un marqueur jaune, j'ai invoqué de nombreuses étoiles

Avec une sensation violette, je les relis un par un

J'ai écrit le mot je t'aime avec un marqueur rouge

Avec un sentiment plein d'amour, je veux ta main

Je tiens ton coeur avec mes mains

Tu prendras ma vie avec ton coeur

Dis moi je t'aime

O celui qui t'aime

Dis moi je t'aime

Avec un sourire qui me laisse sans voix

À mille pièces jointes,

Emmène-moi dans tes rêves illégaux

Collection de mains

Ce sera le cadeau le plus intime

Je me suis permis de me calmer

Pour lui dire: je t'aime et je l'embrasse

Avec un grand sourire, il met la pression

je vous aime aussi

Je t'aime, printemps, été, hiver, automne

Quand les fleurs naissent avec les oiseaux

Votre belle voix douce et chaleureuse chante

Un sentiment atteint mes os

je vous aime aussi

Encore une fois, je t'aime

Je leur ai dit que je t'aimais?

Comment puis-je ne pas dire que je t'aime ...

Je leur ai dit combien je t'aime

Encore une fois, dites encore que je vous aime

...

Je t'aimais hier, je t'aimerai demain

Maintenant je veux t'aimer à nouveau

Dis, dis, dis moi, oui dis moi la vérité ...

Pourquoi je t'aimais autant?

Ici je leur ai dit que je t'aime

Je suis venu te dire que je t'aime

T'ai-je assez dit que je t'aime ...

Je répète que je t'aime ...

je t'aime

Je t'aime ... pour toute une vie

Je t'aime ... j'aime le temps

Je t'aime ... le temps d'un ami

je t'aime pour toujours

Je t'aime ... sourire le temps

Je t'aime ... des larmes

Je t'aime ... le temps de la souffrance

Je t'aime ... un moment de bonheur

Je t'aime ... il est temps d'errer

Je t'aime ... il est temps de pardonner

Je t'aime, il est temps de mourir

Je t'aime ... il est temps de dire "je t'aime!"

Je t'aime ... en chantant "Je t'aime!"

Je t'aime ... il est temps de se rappeler "Je t'aime!"

Je t'aime ... pour une nouvelle vie

Je t'aime ... le temps, le temps pour toujours d'être "à toi"

Doute

Je l'aime comme ça:

Dois-je vous écrire que je vous aime comme un fou?

Comme l'apparence dans ma vie,

Idéal pour la beauté et l'humilité.

Je dois écrire que je l'aime follement,

Dois-je dire que je lui donnerai ma vie?

J'aime son look,

Tellement beau que ça me donne des ailes,

Une image sacrée que je veux admirer.

Sans aucun doute, je l'aime pour toujours,

Y a-t-il encore un doute pour moi?

Une journée mémorable

Tu seras amoureux un jour

Douce comme la rosée ou forte et sans

prétention comme la pluie

Les rayons du soleil brillent sur ta peau

La brise souffle dans tes mots étonnants ...

mais encore,

Tu n'es peut-être pas comme une fille dans un

rêve

Mais nous pouvons traverser le monde

Et créer une image

Comme un film plein d'espoir et une journée mémorable

Pensée

Mes pensées sur toi sont comme des gouttes de pluie sur les fleurs ...

Beau.

Mes pensées sont comme un arc-en-ciel dans une cascade ...

Beau.

Mes pensées à votre sujet sont comme une pleine lune, brillant dans un ciel nocturne nuageux ...

Beau.

Peu importe ce que mes yeux voient.

Je ne vois rien de beau

Quand je te regarde.

Mon amour pour toi est magnifique.

Vérité

Comment est-ce possible

Fais de beaux rêves dans ma jeunesse

fleurir

Ils sont apparus comme un fait

Une vérité pleine de bénédictions et de surprises

Une vérité pleine d'amour et de compassion

Une vérité avec un fort tonnerre

Mais ton amour a rempli tous mes rêves

Maintenant que tu es avec moi, je suis satisfait

Parce que mon rêve s'est réalisé, tu ne vois pas?

Je n'ai jamais abandonné mon rêve

j'ai continué

Parce que je savais

Attendre le vrai amour vaut la peine d'attendre

Vous êtes ici maintenant et mes rêves se sont réalisés.

Souhait

J'aimerais que tu me tues

Tu es toujours dans mes pensées

Jour et nuit

Ta photo

Gravure entre mes paupières

C'est la lumière de mes yeux

Tes yeux ... appellent mes yeux

Tes mains ... tiens mes mains

Tes chuchotements ... frappent mon oreille

bébé

Est-il possible que les distances nous séparent?

Les gémissements nous ont rassemblés

O toi qui avais mon coeur et mon plaisir

O mon amour et mon monde

Jamais

Jamais

Mystère

Mon âme a un secret, ma vie a un secret

L'amour imaginé en un instant:

Le mal est frustrant, alors éteins-le

Et celui qui l'a fait n'a jamais su.

Hélas! Je l'ai approché sans faire attention

Toujours à ses côtés et en même temps seul.

J'ai passé mon temps sur le terrain jusqu'au bout

Je n'ai rien osé demander et je n'ai rien obtenu

Pour lui, cependant, Dieu l'a rendu doux et doux

Il suit son chemin dans la détresse, la détresse et

sans entendre

Il lit ces lignes pleines de tristesse:

Qui est cette femme Et il ne saura pas qui c'est!

première fois

La première fois que je t'ai vu

Je me sentais comme si je t'ai toujours connu

Je pense que pendant cette "première fois"

Je t'aimais inconsciemment

De ce fameux jour

Ce désir a été réduit au silence en moi

Et mon cœur est parti partout

Pour que votre amour en fasse un "palace"

Je n'ai pas cessé de t'aimer tout ce temps

Et penser à toi tous les jours à tout moment.

Amour

Amour,

C'est ce que je ressens pour toi en ce moment.

Ce n'est pas excitant

C'est relaxant.

C'est la vérité, la vérité absolue

Que je ne peux plus vivre sans toi

Tu me manques à chaque fois que tu t'éloignes

Oui, l'amour c'est savoir

Que vous faites partie de mon passé, présent et futur.

La première session

Dans la première lumière du jour

Mon esprit engourdi endormi

Pensez aux promesses d'amour

Et la mélodie les a ressentis.

Le grand jour est venu,

Dans le bel automne

Un moment magique dont je rêvais

J'ai ouvert mon cœur monotone.

Tes yeux sont tombés sur moi

Nos deux mains se sont alors tordues

Le premier sourire inoubliable

Le premier baiser doux et sucré.

Et dans mon cœur il y a un souvenir d'amour

De ta caresse, de mon souhait

Avec toi bébé.

Le langage de l'amour

Je vais vous parler dans le langage des fleurs

Ceux qui ouvrent à l'aube

Comme une goutte de rosée

Je te parle avec un accent océanique

Quand il agite

En caressant doucement les bords du beau sable

Je vais te parler sans rien dire

Et dans ce silence

Tu me comprendras

Je vais te parler avec mes yeux

Mon cœur te parlera

Il vous dira

Le reste des mots ne vient pas

Je vais te dire toutes les paroles d'amour

Et s'ils s'épuisent

Je vais inventer de nouveaux mots pour toi

Je vais créer le langage éternel

Des mots indéniables

Amour éternel

En silence

Dans votre non-dit

À ma distance

Nous nous sommes compris

Nous rencontrons

Dans ce chemin indéfini

destin

Nos deux expériences

Nos deux histoires

se perdre

Dans notre espoir

Les deux connectés

Par un sujet invisible

Un esprit mixte

Un amour éternel

Mon trésor

Je suis une feuille dans le vent

Le flux qui va son chemin

Herbe verte de printemps

Pâle du jour

Je fleuris dans ton jardin

Dans les bonbons d'été

Et rosée le matin

Dans un pays abandonné

Et les couleurs d'automne

Gouttes du ciel un jour de pluie

Et une tempête qui résonne

Dans la chaleur de nos nuits

Je suis neige d'hiver

Et l'étoile du berger

Et la froideur de la pierre

Dans des pays lointains

Sans changement, je suis la vie

Heures supplémentaires

Votre soleil de midi

Taille de l'espace

Mais je suis beaucoup plus

Quand je suis dans tes bras

Parce que tu es mon seul trésor

Un océan d'amour

Si la nuit était cachée

J'ai grimpé des étoiles aveugles et nues

Pour arriver à un endroit où personne n'a d'opinion

Où tout est possible

Étoiles, fidèles associés de nos émotions

Allumez nos pas

Ta présence fait chanter les anges

O jour! Ne finis pas la nuit

Du miel doux sur mes lèvres

Les princes qui errent en moi

La douce rosée des boutons floraux

De belles fleurs et fleurs, l'odeur d'un amour naissant

Secrets d'oreillers

Quelques baisers volés

Je serai inspiré par la brise de plage, cette grande brise

Un océan à aimer ...

Je suis tombé amoureux de toi involontairement

Je suis tombé amoureux de chaque battement et souffle

Tu es un parapluie! Toujours à la recherche de mon ombre

Je suis tombé amoureux de quelqu'un dont je ne me souvenais pas

Quand Dieu a compris votre nouvelle image

Je suis tombé amoureux de la vieille photo de quelqu'un

Je me suis impliqué avec toi, toutes les
particules de l'univers
Ils voient une ville dont je suis tombé amoureux

Je t'ai vu battre tes ailes dans le ciel
Je suis tombé amoureux de toi derrière une
barre de cage

Maintenant toi et moi sommes assis tous les
soirs
J'ai attendu que tu tombes amoureux

Vos lèvres, votre ton, votre discours, vos
visages spectaculaires
Oh, la fille de Rana, comme c'est beau

Je pense que tu fais partie de tous les habitants
de la ville
Diriger toutes les filles et les femmes

Sous la chemise tu es perdu au paradis
La chaleur de ton corps est un enfer de rêve

Dites-moi, qui est votre mère qui est née de

cette façon?

Deux yeux orientaux et un visage européen

Au sud du bord rouge chaud du coucher du

soleil sur la mer Caspienne

Vue humide du nord sur la baie solitaire

La tente est un récit des neiges de l'Antarctique

Un récit d'une sirène vous-même

Plein d'histoires tacites et je sais

Que tu n'as pas lu l'histoire la plus mondaine

Quelle bénédiction est cette douleur que tu as laissée dans mon cœur

Au chagrin que je ne pleurerai jamais de joie

Je vous souhaite tout le meilleur pour ce monde triste

Qu'est-ce que je t'ai donné pour dire que tu ne me l'as pas donné?

Quels rêves peuvent être fermés et quels rêves vous avez

En regardant ça tu m'as ouvert

Tu es celui qui obtient de lui toutes les dattes et
tous les légumes
Quelle enquête? Quel souffle?

Toute l'odeur du désir sauf la fleur du ciel
Toutes les couleurs et peintures sauf le
printemps

Dans quelle direction êtes-vous allé? Lequel
avez-vous réussi?
Vous ne l'avez pas vu, vous l'avez vu dans votre

cœur

À la haute tête du cyprès qui tombe la nuit

Le souffle de Sepideh sait à quel point vous

avez raison

Je ne sais pas quoi dire

Ce qui se cache dans l'ombre de l'institution

Printed by Books on Demand GmbH, Norderstedt / Germany